PITIÉ!

POUR

NOS PAUVRES FRÈRES D'ARMÉNIE

PAR

Mgr CHARMETANT

PROTONOTAIRE APOSTOLIQUE

DIRECTEUR GÉNÉRAL DES ŒUVRES D'ORIENT

PARIS

BUREAU DES ŒUVRES D'ORIENT

20, RUE DU REGARD, 20

NOTICE SUR L'ŒUVRE D'ORIENT

Son but. — Cette Œuvre, fondée en 1856, a son siège à Paris, rue du Regard, 20. Elle a été approuvée et enrichie d'indulgences par Pie IX, dès son origine, et spécialement recommandée à l'univers catholique par S. S. Léon XIII, en différentes Encycliques, et par plusieurs lettres pontificales. Elle a pour but de régénérer et de ramener au catholicisme ce cher Orient, berceau de l'Eglise et patrie du Sauveur. Pour cela, elle vient en aide à toutes les œuvres catholiques d'Orient qui préparent les nouvelles générations à revenir à la vraie Foi et à l'Union par les Ecoles et les Séminaires, les Noviciats et Ouvroirs, les Hôpitaux et Dispensaires, les Crèches, les Orphelinats et les Refuges, et par l'exercice de la charité sous toutes ses formes. Elle s'efforce surtout de maintenir et de propager **l'Union des Eglises** *par la formation d'un bon clergé indigène* dans les différents rites orientaux.

L'Orient renferme, en dehors des musulmans, des millions de chrétiens dissidents appartenant aux diverses Eglises non unies. Or, l'apostolat auprès de nos frères séparés, comme auprès des infidèles, ne peut s'exercer par la prédication ordinaire qui reste forcément infructueuse, puisqu'elle ne peut atteindre et n'atteindra jamais ceux que des préjugés invétérés de race et de culte mettent, depuis des siècles, en garde contre nous, et tiennent à l'écart de nos églises et de nos missionnaires. Ces préjugés, on les vaincra seulement par l'exercice de la charité auprès des adultes, par le soin des malades, par l'instruction et l'éducation des enfants.

L'Ecole et le Dispensaire sont donc dans tout l'Orient le seul terrain possible pour un rapprochement assuré : c'est là que les générations nouvelles commencent à perdre les préjugés reçus des ancêtres; c'est là que se prépare peu à peu le retour des Orientaux vers l'Unité catholique.

En réalité, c'est l'œuvre des anciennes Croisades qui se continue, comme jadis, au cri de **Dieu le veut!** non plus, il est vrai, en vue de conquêtes guerrières, mais par les armes plus fécondes de la prière et de la Charité!

Aussi avons-nous le ferme espoir de voir les catholiques de **tous les** pays, même les femmes, les enfants, les jeunes filles, s'enrôler en phalanges nombreuses parmi les adhérents de cette dernière et pacifique Croisade.

Son organisation. — L'Œuvre d'Orient a une organisation analogue à celle de la Propagation de la Foi et de la Sainte-Enfance.

Elle est constituée par *décuries* ou séries de dix membres. A la tête de chaque décurie est placé un collecteur ou *chef de dizaine*, qui perçoit an-

LES INONDATIONS

APRÈS LES MASSACRES, LE PILLAGE ET L'INCENDIE

A nos Lecteurs,

Il y a quelques mois, une épouvantable tuerie de chrétiens, avec l'accompagnement ordinaire de pillages et d'incendies, a ravagé la Cilicie, patrie de l'apôtre saint Paul, et les autres régions circonvoisines de l'Arménie Mineure.

La ville d'Adana surtout fut cruellement éprouvée : tout le quartier chrétien fut réduit en cendres, après avoir été arrosé de pétrole. Les habitants qui purent s'échapper de leurs maisons en flammes furent impitoyablement massacrés pendant les trois jours et les trois nuits que durèrent ces affreuses hécatombes que la plume se refuse à décrire, car, selon l'expression d'un témoin oculaire, ces tueries furent un effroyable mélange d'obscène cruauté et de férocité sans nom : « tigres et pourceaux », voilà ce que furent les égorgeurs?

La même orgie sanguinaire sévit non seulement dans la ville et dans tous les villages de la grande plaine d'Adana, mais encore à Tarse, à Hadjine, à Antioche et dans la vaste région qui s'étend d'Alexandrette à Alep. Le nombre des victimes, de l'avis même des Ambassades, dépassa 30 000! et, par un raffinement de sauvage barbarie, ce sont surtout les hommes, les mâles, qui furent massacrés, car les Turcs fanatisés visaient la race arménienne elle-même que leur rage satanique voudrait détruire, parce qu'elle est chrétienne. Nombre de jeunes femmes et de jeunes filles furent enlevées et séquestrées dans les harems — ces enfers de dépravation et de boue — en vue de former souche de musulmans ! Nos Missionnaires et nos Consuls s'employèrent avec énergie à en délivrer le plus grand nombre possible.

Mais ce sont aujourd'hui les milliers de malheureux survivants de ces massacres qui sont surtout à plaindre, comme on va le voir par les lettres de nos Missionnaires que nous publions ici : ils sont sans pain, sans abri, sans ressources ! La plupart meurent littéralement de faim, de froid et de misère, malgré le dévouement de nos Religieuses et de nos Missionnaires qui ont vu, eux aussi, leurs résidences, leurs chapelles et leurs établissements détruits par les flammes.

Les premiers secours que nous avons pu leur envoyer et que nous continuons à leur adresser, au fur et à mesure qu'ils nous parviennent, sont épuisés ! Ils en sollicitent de nouveaux, non pour eux-mêmes, mais surtout pour les orphelins et orphelines qui leur demandent un asile, et pour ces milliers de malheureux chrétiens qui les entourent et viennent assiéger leur porte pour solliciter le morceau de pain qui les empêchera de mourir ! surtout depuis que les récentes inondations ont achevé leur ruine.....

Nous leur laissons la parole, en suppliant nos lecteurs de prendre en pitié ces frères malheureux, et ces pauvres orphelins, fils et filles de nos martyrs d'Arménie.

F^x CHARMETANT,
Protonotaire apostolique,
Directeur général des OEuvres d'Orient.

*
* *

Lettre du R. P. **Joseph,** *supérieur de la Mission des Carmes en Syrie, à Mgr* **Charmetant,** *directeur général des Œuvres d'Orient.*

Monseigneur,

Je reviens de la visite de notre Mission ; à Alexandrette, surtout à Bélan et aux alentours, partout où a passé l'inexorable cimeterre musulman, il n'a laissé après lui que la misère, la faim et la mort ! Que de désastres ! J'en ai le cœur oppressé.

Quel spectacle pitoyable s'étale partout. Le pays est entièrement ruiné par le fer et le feu ; là où la vie abondait règne maintenant la mort et un silence sépulcral ; des maisons, des églises, des bazars il reste le souvenir qu'un jour ils existèrent. Les églises, encore maculées de sang, rappellent les milliers de chrétiens qui s'y réfugièrent et qui y furent odieusement immolés par les barbares sectaires de Mahomet, offrant leur vie et leurs prières en holocauste au Seigneur.

Ceux qui, par un vrai miracle, parvinrent à s'échapper viennent se lamenter sur les ruines de leurs maisons et la destruction de leur pays, la mort de leurs pères, de leurs épouses, de leurs frères.

La plume est impuissante à peindre les horreurs de ces cruautés dont le souvenir fait frissonner et remplit l'âme de terreur ; les anecdotes disant le cynisme de ces misérables font dresser les cheveux d'effroi. Et l'Europe a assisté, spectatrice presque impassible, à cette tragédie ; et l'opinion publique ne s'est pas soulevée pour stigmatiser ces infamies commises en plein vingtième siècle, dans lequel la civilisation et l'humanité sont tant vantées !

Les scènes les plus atroces, accomplies sous les Néron et les Domitien, se sont répétées dans nos régions, et les Boxers en Chine peuvent à peine se comparer aux Kurdes sauvages martyrisant ces innocents et pauvres chrétiens.

Le programme de ces cannibales, assoiffés de sang chrétien, fut exécuté de point en point : d'abord voler tout ce qui se pouvait enlever, puis massacrer les personnes et brûler ce qui restait.

Mais le mot massacre ne peut rendre la réalité, car tous les instincts brutaux et sanguinaires s'étaient éveillés dans ces êtres qui n'avaient plus rien d'humain en eux. Des femmes, des enfants, des fillettes sont outragés, déshonorés, pendus aux arbres, écrasés sur des rochers, jetés à terre à coups de bâton, tués avec la lance, horriblement mutilés, crucifiés sur des pièces de bois, puis fendus en deux, leurs corps laissés en proie à la voracité des chacals et des chiens !

Quand les colliers des femmes ne peuvent s'enlever facilement, on taille la tête à coups de couteau ; pour avoir les pendants d'oreille on arrache les oreilles, et pour voler les bracelets on coupe les mains aux filles et on les achève dans les bras de leurs mères.

Il y a des horreurs qui ne se peuvent raconter. Rien ne protégeait contre ces barbares. Des enfants, des vieillards, aussi bien que des femmes furent fendus, crucifiés, mutilés et laissés en proie à d'atroces douleurs pendant les longues heures où la mort tardait à venir...

Les scènes les plus terrifiantes se succédaient sur ce théâtre d'infamies. Ici, un vieux, un père de famille était pris, ligoté et menacé des supplices si ses enfants ne renonçaient à leur foi pour embrasser la religion de l'Islam ; au milieu de ces souffrances plusieurs tombaient inanimés, mais les bourreaux recommençaient au moindre signe de vie.

Presque tous les enfants passèrent cette voie douloureuse ; les plus petits, arrachés du sein maternel, étaient jetés en l'air et reçus sur le fer des lances.

Les prêtres non plus ne furent pas épargnés : trouvés dans leurs demeures, on les prenait d'abord les premiers, et les supplices commençaient sous les yeux de leur famille, dans l'espoir de les faire apostasier.

Du sang partout, des cadavres dans toutes les rues, des bras, des têtes, des troncs informes, une hécatombe immense !...

Notre station regorge de pauvres gens sauvés par miracle dans ces massacres, ils se jettent à mes pieds et implorent la pitié ; femmes veuves, enfants orphelins, fillettes sans aucun soutien tendent une main suppliante et disent leurs malheurs ; ils n'ont rien ; rien contre les intempéries des nuits ; la misère noire et la faim suivent les jours de sang et de pillage ; des malades et des blessés livides nous implorent aussi. Nous avons loué une maison assez grande pour les loger tous.

Nos missionnaires, dans ces heures cruelles, ont fait tout leur devoir de prêtres : après avoir affronté le danger et sauvé tous ceux qu'ils pouvaient, ils ont généreusement sacrifié le peu qu'ils avaient pour secourir ces infortunés.

Mais comment nourrir les milliers de malheureux affamés qui journellement assiègent notre porte, comment abriter tous ces petits enfants? Mon cœur saigne à la vue de tant de misère et de notre impuissance.

A Bélan, même détresse, même nécessité qui n'admet pas de retard. Comme je vous l'ai déjà écrit, plus de 300 familles schismatiques se préparent à entrer dans le giron de l'Eglise ; depuis un mois et demi, ils fréquentent notre chapelle trop petite et trop éloignée.

Dans les rues on rencontre beaucoup de garçons et de fillettes, orphelins des derniers massacres, et le cœur saigne de voir les larmes remplir des yeux si jeunes.

Nous avons cherché une maison assez vaste, au centre du pays, pour abriter ces malheureux et leur faciliter la pratique de la religion. J'ai demandé des Sœurs qui vont venir incessamment pour prendre soin d'eux.

Mais comment faire face à tant de dépenses?

La même œuvre est à faire à Alexandrette pour les orphelins qui remplissent la demeure des Pères ; mais où trouver les fonds nécessaires ?

Vous connaissez bien, Monseigneur, notre pauvreté et cependant y a-t-il une œuvre de charité plus urgente?

Donc pour Bélan et pour Alexandrette je tends la main à toute âme compatissante, pour les orphelins, les veuves et les pauvres victimes du fanatisme musulman.

Je voudrais que leurs cris de détresse parviennent à toutes ces âmes généreuses qui ne laissent aucune misère sans secours, aucune larme sans consolation.

Je m'adresse donc, par vous, Monseigneur, à la charité de toute âme chrétienne, de toute mère, de tout père de famille et même des enfants. La charité est la grande prière devant Dieu, et, dans cette immense détresse, notre Père du ciel ne pourra jamais oublier les cœurs compatissants qui s'uniront à nous. Tout nous sera utile, depuis un vieux vêtement jusqu'à un centime, tout essuyera une larme. La misère est grande, mais la charité sera plus grande encore.

S'il faut vendre les vases sacrés, on les vendra ! On vendra tout, on s'endettera, mais ces pauvres gens seront secourus et ces enfants recueillis !

Nous attendons, dans l'anxiété, des aumônes d'où dépendent tant de vies humaines. Sous l'empire d'une violente émotion, je tends donc la main pour les orphelins et les veuves, victimes du fanatisme musulman. Puissent leurs supplications arriver aux âmes généreuses et émouvoir les cœurs !

Je me recommande aussi au Conseil de votre Œuvre, que je remercie sincèrement des secours déjà envoyés.

Votre grand cœur, bien connu, m'est un sûr garant que vous ne nous abandonnerez pas, en ces heures d'immense détresse...

Je vous prie donc de vouloir bien me télégraphier à Tripoli de Syrie le secours spécial sur lequel nous pouvons compter afin de pouvoir aider aussitôt tous nos malheureux.

Veuillez agréer, Monseigneur, l'assurance de mes sentiments respectueux et reconnaissants.

P. Joseph,
Supérieur de la Mission des Carmes.

*
* *

Dès la réception de cette émouvante lettre, nous avons fait parvenir un premier secours de 2 000 francs au R. P. Joseph. Voici un passage de la réponse qu'il nous adresse pour nous accuser réception.

« Merci à vous et à vos généreux souscripteurs dont la charité va nous permettre de secourir nos pauvres chrétiens si douloureusement éprouvés.

» Ce nouvel envoi de secours, que vous me transmettez par Mgr le Délégué apostolique de Syrie, va me permettre d'aider plus efficacement ces malheureux chrétiens, soit en prenant à notre charge leurs orphelins, soit en leur procurant des vêtements et du pain, au cours de cet hiver qui s'annonce si douloureux pour eux. Je compte pour cela sur les nouveaux et prochains secours que vous avez bien voulu me promettre.

» Je prie Notre-Seigneur de récompenser votre zèle apostolique et de vous conserver longtemps encore à l'Œuvre admirable que vous dirigez depuis tant d'années.

» P. Joseph,
» Supérieur de la Mission des Carmes. »

**

Mgr Terzian, évêque arménien d'Adana et de Tarse, nous écrit :

« Révérendissime Monseigneur,

» C'est avec une grande joie que j'ai reçu par Mgr Sardi, délégué apostolique de Constantinople, votre allocation pour le séminaire, les écoles, et surtout votre nouvel envoi de secours pour les survivants des massacres, soit 4850 francs.

» Je vous remercie infiniment, Monseigneur, pour ce nouveau témoignage de sympathie et de générosité envers mon pauvre diocèse, surtout dans les circonstances terribles qu'il traverse.

» Je suis bien troublé en face des rigueurs de cet hiver. Nos chrétiens n'ont ni maison, ni ressources. Sans compter le très grand nombre de pauvres qui ont un réel besoin du pain quotidien, j'ai à ma charge spéciale 214 orphelins et orphelines et 265 veuves survivantes des massacres, soit à Adana, soit à Hadjine.

» J'aime à espérer que votre cœur si paternel voudra bien s'intéresser encore à ces pauvres et malheureux Arméniens, réduits à ce déplorable état, non par leur faute, mais uniquement par la haine diabolique des Musulmans, qui n'ont pas pu voir en liberté et en égalité ces *ghiavours* (infidèles) qu'ils considéraient jusqu'ici comme leurs esclaves. Ils avaient coutume, depuis longtemps, de s'enrichir au détriment de nos pauvres chrétiens, et pour cela, sous les moindres prétextes, ils les dénonçaient comme révolutionnaires, et obtenaient le *fetva* (autorisation) de leur Mufti pour massacrer ces prétendus rebelles, piller leurs biens, incendier leurs maisons et s'emparer de leurs femmes et de leurs filles, pour les enfermer dans leurs harems ! Tout cela est considéré par eux comme un acte de religion, et nos malheureux chrétiens sont obligés de leur obéir comme des bêtes de somme ; car, si nous avons le malheur de protéger notre vie et notre honneur pendant les massacres officiels, nous serons perdus, vu que la cour martiale considère cela comme une vraie révolte et elle inflige la peine capitale, ainsi que cela a eu lieu à six chrétiens d'Adana, condamnés à être pendus pour le seul crime d'avoir défendu leur vie et l'honneur de leurs femmes et de leurs filles contre les massacreurs !

» Voilà le régime de justice, de liberté, d'égalité et de fraternité que nous a donné la nouvelle constitution des Turcs !

» Monseigneur, le spectacle de ces injustices, dont nous sommes les témoins impuissants, depuis cinq mois, nous fait endurer des souffrances aussi atroces et peut-être plus poignantes que pendant les jours si terribles des massacres !

» Paul TERZIAN,
» Évêque d'Adana et de Tarse. »

* *

Un Père Jésuite nous écrit d'Adana :

« Depuis que l'incendie a détruit nos résidences, nous sommes toujours sous le toit des Sœurs de Saint-Joseph, dans la partie épargnée par les flammes, abri qu'elles partagent inégalement, car elles gardent pour elles ce qu'il y a de moins bien, et couchent presque à la belle étoile. Mais les nuits fraîchissent et les locaux vont être indispensables pour les classes.

» Nous avons donc, à proximité de chez elles et de nos ruines, trouvé une maison où nous irons dans deux jours nous installer provisoirement.

» Notre somptueux mobilier nous y précédera : une chaise et une table de travail pour chacun, un lit d'emprunt, et le strict indispensable pour nos repas.

» Tout est à refaire, tout a été perdu, incendié.

» Des cinq corps de bâtiments détruits, chez les Sœurs de Saint-Joseph, on a rétabli le rez-de-chaussée et le premier étage. Les deux autres étages viendront plus tard ; allons au plus pressé. Nous serons prêts au 1ᵉʳ octobre à recevoir 600 enfants et, en plus, de 60 à 80 orphelins.

» Chez nous, après avoir découronné le collège de son deuxième étage et de sa terrasse qui menaçaient ruine, on cherche à remettre en usage le rez-de-chaussée et le premier, dont les murs assez solides ont pu résister.

» Puis, dans les décombres de notre maison, on élèvera un mur de boue en rectangle, qui nous servira d'habitation.

» Si nous avions 5 à 6 000 francs, nous relèverions aussi la

chapelle qui va bien nous manquer. Mais où trouver cette somme?
— Patience !

» Et ainsi nous pourrons voir venir les événements; notre présence au milieu de toutes ces ruines encouragera la population toujours très affolée, car, au fin fond des cœurs, on ne reprend pas confiance : les fauteurs des massacres, surtout les vrais, n'ont pas été châtiés comme ils le méritaient, et alors les Turcs se promettent de nouveau l'impunité, quand le moment leur paraîtra opportun pour recommencer. »

** **

Le R. P. Etienne Labardin, supérieur de la Trappe d'Antioche, nous écrit :

« Les malheureux qui nous entourent, et surtout ceux des nombreux villages détruits dans les régions voisines, font vraiment pitié par leur dénuement, leur misère et leur grande détresse. Mais, c'est surtout le nombre des orphelins qui m'effraie. Que vont-ils devenir, pendant cet hiver? Sœur Placide, des religieuses de Saint-Joseph, à Alep, consent à recevoir 25 orphelines que je vais pouvoir lui adresser, grâce aux secours que vous m'avez envoyés.

» Hélas ! combien d'autres voudraient avoir le même sort, surtout parmi celles que nous avons pu arracher aux harems des Turcs, dans les environs de Hassanbeylik, gros village de 2 300 habitants qui comptait 416 maisons chrétiennes, disséminées dans de magnifiques jardins pleins de vie, où des centaines d'enfants joyeux prenaient leurs ébats, mais où ne règne plus qu'un silence de mort! Sur les 416 maisons des chrétiens, une seule, remarquez-le bien, une seule a été épargnée; les autres, ainsi que deux églises, quatre écoles et cinquante-six boutiques, sont devenues la proie des flammes. Aucune d'elles n'est réparable; il faut toutes les reprendre aux fondations.

» Se trouvant dispersées dans les jardins, ces maisons ont dû être incendiées l'une après l'autre. Les pillards turcs, kurdes et circassiens ont mis *douze jours* à accomplir cette besogne, et il ne s'est pas trouvé un membre du gouvernement de Baghtché pour mettre un terme à cette fureur de dévastation. Tout a été volé ou détruit : mobilier, instruments de travail, bœufs, vaches, mulets, chevaux,. chèvres et moutons. Ce qui n'a pu être emporté a été brûlé.

» Le siège d'Hassanbeylik dura trois jours. Les assiégeants étaient innombrables. Les habitants se sont bravement défendus, repoussant efficacement toutes les attaques, tant qu'ils ont combattu à armes égales, c'est-à-dire avec des fusils ordinaires à capsules. Mais lorsque le Muphti de Baghtché eut apporté d'Osmanié des armes et des munitions de guerre, prises ou fournies par les magasins militaires, toute résistance devint impossible.

» La fuite ou plutôt le sauve-qui-peut général des hommes fut décidé. Ils s'enfuirent dans des directions différentes, mais surtout du côté de Marache et d'Islahieb. Les bachi-bouzoucks se mirent à leur poursuite et les traquèrent dans la brousse comme des bêtes sauvages. Dans cette chasse à l'homme furent tués 287 Arméniens qui avaient pu échapper au carnage.

» Tous furent, tout d'abord, sommés de se faire musulmans, s'ils voulaient être sauvés ; mais ils aimèrent mieux perdre la vie que de renier leur foi. On cite un groupe d'une douzaine qui fut cerné. A l'injonction : « Faites-vous musulmans ! » ils tombèrent à genoux, firent le signe de la croix et, les mains jointes sur la poitrine, moururent ainsi pour Jésus-Christ !

» Les femmes, les jeunes filles et les enfants avaient fui également dans la montagne. Beaucoup d'entre elles y passèrent toute une semaine, couchant à la belle étoile, ne se nourrissant, elles et leurs pauvres petits, que d'herbes et de bourgeons d'arbres.

» A notre arrivée, le village était totalement désert. Personne n'était encore rentré. Seuls les chiens erraient dans les jardins. Les corps des chrétiens sont restés sans sépulture dans la broussaille. Ils se sont desséchés au soleil ou ont été dévorés par les chacals, les hyènes, les vautours et autres oiseaux de proie. Nous avons parcouru à pied toutes ces ruines. Dans l'église arménienne, entièrement détruite, nous avons recueilli avec respect des restes de missel et de livres de prières à moitié consumés par les flammes.

» Il y aurait une belle mission à ouvrir à Hassanbeylik, où un grand nombre de familles grégoriennes demandent des prêtres catholiques et des écoles. Priez et faites prier pour ces âmes qui ont soif de vérité, et aidez-nous à secourir les malheureux survivants qui, au cours de cet hiver, sont menacés de mourir de faim et de misère, s'ils ne sont pas secourus, car leur détresse présente est affreuse. »

*****

Non loin de l'établissement des Trappistes, se trouve, à Akbès, la résidence des missionnaires Lazaristes, dont M. Dillange est le supérieur.

Ce zélé missionnaire s'est multiplié, au moment des massacres, pour soutenir le moral des 1 500 personnes qui s'étaient réfugiées dans sa maison, où ils subirent un siège en règle de 17 jours, de la part de milliers de Kurdes et de Circassiens qui étaient venus pour les massacrer.

Tant de secousses ébranlèrent la santé du Père Dillange, que ses supérieurs durent rappeler en Europe pour le soigner. Mais les gens d'Akbès qu'il avait sauvés, craignant qu'il ne revienne plus auprès d'eux, ont demandé à leurs notables d'écrire à M. le Supérieur des Lazaristes, à Paris, la lettre suivante en langue turque, dont nous donnons la traduction :

« En avril de l'an 1909, il y eut des troubles graves dans le district d'Akbès. Aussitôt M. Dillange s'est rendu au milieu de la population affolée pour la consoler ; il parcourut toutes les rues et conseilla aux 1 500 habitants, de toute religion et de toute nationalité, de se rendre à la maison de la Mission. Il télégraphia en même temps aux autorités des principales localités des environs pour qu'on envoyât de la troupe. Les soldats tardant à venir, mille bruits se répandaient au milieu du peuple. M. Dillange convoqua à la porte de la maison de la Mission les 1 500 habitants, les rassura, leur recommanda de prier Dieu, eux et leurs enfants. « Au- » cun malheur ne vous arrivera, je l'espère de la bonté de Dieu, » et je serais plutôt la première victime », leur dit-il.

» La population demanda à M. Dillange de prier le consul d'Alep de se rendre lui-même à la Mission, où sa présence les rassurerait. M. Dillange télégraphia au consul d'avoir cette bonté et de venir le plus tôt possible, la population réclamant sa présence. Au reçu de cette dépêche, le consul envoya immédiatement plusieurs cavaliers pour annoncer qu'il allait venir lui-même avec des soldats turcs. Bientôt, en effet, il arriva avec 400 cavaliers. Tout le monde rassuré rendit grâces à Dieu et bénit le nom du consul.

» Pendant vingt jours, les 1 500 personnes et leurs bestiaux restèrent dans l'enceinte de la propriété de la Mission, et, comme les bestiaux causèrent de grands dégâts à la vigne et au jardin, la population dit : « Puisque c'est à cause de nous que vous avez subi » ce dommage, nous vous aiderons à le réparer. » Tous les gens se répandirent en mille actions de grâces envers M. Dillange et envers le consul, affirmant que ni eux ni leurs enfants n'oublieront jamais la protection dont ils furent l'objet.

» M. le consul et M. Dillange ont fait vivre jusqu'aujourd'hui tout ce monde. De plus, M. le consul recommanda au colonel des 400 soldats de veiller sur tel et tel point pour qu'il n'arrivât aucun malheur, et, pendant ce temps, pourvut à l'entretien de ces soldats. Le colonel et les notables du pays reconnurent que c'est à M. Dillange que l'on doit l'inspiration de la manière dont ils furent efficacement protégés, et ils supplient l'autorité supérieure de le leur laisser pour supérieur de la mission d'Akbès.

» Nous rédigeons le présent acte afin que tous ceux qui en auront connaissance louent Dieu et bénissent le nom de M. Dillange.

» A cet effet, le conseil municipal donne la signature de ses membres. »

(Suivent les noms et cachets.)

Ajoutons que M. Dillange, bien que non complètement rétabli, vient de retourner dans sa chère mission d'Akbès, où il est si impatiemment attendu par tous les habitants, dont il fut le protecteur et le sauveur, au moment des massacres.

*
* *

Le R. P. Jérôme, supérieur de la Mission franciscaine des Capucins en Syrie et Cilicie, nous écrit, le 7 décembre :

« Merci, Monseigneur, du nouveau secours que vous nous adressez, pour les pauvres survivants des massacres de Cilicie et du nord de la Syrie. Je vous en exprime notre bien vive et religieuse gratitude, à vous et à vos généreux souscripteurs.

» Des quatre résidences que nous avons dans la région sinistrée — Tarse, Antioche, Kodulek et Mersina, — les mêmes déchirants appels me sont adressés.

» A Tarse, il y a 4000 Arméniens dont toutes les maisons, sans exception, ont été pillées et incendiées : aucune de ces maisons n'a encore été reconstruite. Comme au premier jour, le gouvernement turc en est toujours à la période des projets et des promesses. En attendant, il faut vivre et se loger. La Mission a pris à sa charge le paiement des locations de plusieurs centaines de ces malheureux. De leur côté, les religieuses de la Sainte-Famille donnent leurs soins et des remèdes aux malades.

» A Antioche, les *survivantes*, — je ne peux dire les survivants, il en reste seulement **seize** au-dessus de 12 ans ! — au nombre de 600, après avoir vu égorger et fusiller leurs maris, leurs enfants, leurs frères, en même temps que mettre au pillage leurs maisons, sont maintenant laissées à elles seules, incapables de gagner leur pain et celui de leurs pauvres petits orphelins... Les Sœurs de Saint-Joseph, qui ont été héroïques de courage pendant les massacres, le sont maintenant de générosité : elles viennent de prendre quinze nouvelles orphelines à leur charge.

» A Khodulek, dont toutes les récoltes ont été perdues, et dont 600 habitants, de la localité même ou des localités avoisinantes, ont été massacrés, nos Missionnaires m'écrivent que c'est la famine avec toutes ses horreurs. Ceux qui le peuvent, émigrent, les autres meurent de misère...

» A Mersina, c'est un défilé sans fin de malheureux venant de l'intérieur ou y retournant : « Nous n'avons pas le courage de leur refuser, me disent nos Missionnaires, pardonnez-nous si nous dépassons les sommes que vous mettez à notre disposition. »

» Au nom de nos missionnaires de ces quatre résidences, entre lesquelles je répartis votre dernier envoi, au nom de ces milliers de malheureux et de malheureuses qui s'y trouvent, encore une fois, merci, Monseigneur, et merci pour le nouveau et prochain secours que vous m'annoncez. »

LES INONDATIONS D'ADANA

Cette malheureuse ville d'Adana vient de subir une nouvelle catastrophe : après le fléau des massacres, du pillage et de l'incendie, c'est le fléau des inondations qui vient de la ravager.

Pendant la nuit du 13 au 14 novembre, les eaux de la rivière Seihoun ont rompu la digue en terre qui se trouve non loin de la station du chemin de fer, et ont inondé trois quartiers, causant d'énormes dégâts. La ville est restée vingt-quatre heures sous l'eau qui s'élevait à plus de 2 mètres. Plus de 500 maisons ont été détruites ; d'autres menacent de s'effondrer. D'après une évaluation approximative du Vali, les pertes s'élèveraient à 100 000 livres turques (environ 2 300 000 francs) pour la seule ville d'Adana. Dans la plaine qui s'étend au delà de la ville, les récoltes sont entièrement perdues, et les villages ravagés.

Dès le 17 novembre, Mgr Terzian nous écrivait :

« Monseigneur,

» Vous avez fait connaître à vos lecteurs le misérable état de nos chrétiens, après les terribles massacres d'Adana, et toutes nos difficultés pour venir en aide aux malheureux survivants, surtout à l'approche de l'hiver. Hélas ! la série de nos malheurs n'est pas finie ! Nous endurons épreuves sur épreuves.

» Des pluies torrentielles n'ont cessé de tomber depuis trois semaines, occasionnant, le 13 de ce mois, une terrible inondation qui a ravagé plusieurs quartiers de la ville. Les eaux montèrent à plus de 2 mètres, en renversant un grand nombre de maisons qui venaient à peine d'être réparées, grâce aux allocations du Gouvernement et aux aumônes de nos bienfaiteurs. La plupart des habitants n'ont rien pu sauver que leurs personnes. Voilà donc de nouveau notre pauvre population réduite à vivre en plein air, dans les rues, privée de tout le nécessaire, sans abri, sans provisions, presque sans vêtements, à l'entrée d'un hiver qui, ici, s'annonce rigoureux.

» Dans un de ces quartiers nous avions pu louer deux maisons pour y installer, au moins provisoirement, une chapelle et des écoles. Déjà, nous nous réjouissions de voir l'empressement de nos fidèles et de leurs enfants à fréquenter et la chapelle et nos deux écoles. Les eaux ont aussi envahi ces établissements où s'étaient réfugiées plusieurs familles qui ont vu leurs maisons s'écrouler. Dès que les eaux se sont retirées, nous en avons repris possession pour ne pas priver cette malheureuse population des consolations spirituelles. Mais comment suffire à tant de besoins. La situation est lamentable, la misère extrême. Je viens donc vous supplier, Monseigneur, de vouloir bien faire un nouvel appel dans votre cher *Bulletin* en demandant à vos lecteurs de faire un nouvel effort en faveur de cette malheureuse population affamée, nue, si cruellement éprouvée par tant de fléaux réunis, et dont la misère a, de plus en plus, besoin d'être secourue, au début de ce rigoureux hiver. »

*
* *

Nous n'avions pas attendu l'arrivée de cette lettre du vénérable évêque d'Adana pour envoyer des secours en vue de soulager cette lamentable détresse. Dès que les premières dépêches nous eurent appris les ravages opérés par l'inondation, nous réunîmes toutes nos ressources disponibles depuis notre précédent envoi de fonds, et nous les partageâmes entre Mgr Terzian, nos missionnaires et nos sœurs de Saint-Joseph.

Voici la lettre par laquelle le R. P. Riondel, supérieur de la Mission des Pères Jésuites, vient de nous en accuser réception, à la date du 26 novembre :

« VÉNÉRÉ MONSEIGNEUR,

» J'ai l'honneur de vous accuser réception de la belle aumône que vous avez eu la bonté de me faire parvenir pour les malheureux d'Adana.

» Elle vient à son heure.

» La misère va redoubler. Des pluies diluviennes, en inondant la ville et la plaine d'Adana, ont achevé la ruine commencée par le pillage et l'incendie. Pour vous donner une idée de la violence des eaux, je vous dirai que la digue du fleuve a été emportée en partie et que le fleuve débordé a porté le ravage dans les champs, à une grande distance.

» A la fin de l'été, les débris des familles décimées, qui logeaient sous la tente ou à l'ombre des arbres de la campagne, étaient rentrés en ville et, avec des matériaux détériorés et un peu de terre, avaient relevé tant bien que mal les murs à moitié détruits de leurs demeures pour se faire un refuge contre l'hiver. Les pluies torrentielles, tombant sur ces grossières constructions, ont désagrégé la boue des murailles, percé les terrasses mal tassées, et fait écrouler des centaines de demeures, mettant de nouveau des centaines de familles à la rue, au milieu de la vase et des décombres. Elles ont détruit ou abîmé des dépôts de blé, de marchandises et autres provisions, de sorte que la cherté de la vie va augmenter encore. Que vont devenir tous ces pauvres gens sans asile ? Cruelle angoisse au cœur des missionnaires.

» Merci donc, Monseigneur, de venir à leur secours. Merci à vous de penser à eux, merci aux généreux bienfaiteurs qui alimentent votre caisse de secours.

» Soyez sûr que nos prières monteront ferventes au ciel pour tant de cœurs si dévoués. »

**

Nous supplions nos lecteurs de prendre en pitié cette malheureuse population si éprouvée, si accablée par tant de calamités.

Nous transmettrons d'urgence, et au fur et à mesure qu'on nous les fera parvenir, les dons et aumônes qui nous seront adressés.

Quel est le chrétien qui voudrait refuser à ces pauvres frères d'Arménie le morceau de pain qui peut les sauver de la mort?

Après la terrible catastrophe de Messine, on a prescrit partout des quêtes, et ouvert des souscriptions dans tous les pays. D'où vient que le même élan de pitié et de charité ne s'est pas produit après ces épouvantables tueries où plus de 30 000 de nos frères ont été immolés, parce qu'ils étaient chrétiens; où toute une grande ville a été ravagée par les flammes; où de nombreux villages chrétiens ont été complètement détruits?

D'où vient que les puissances civilisées n'ont rien fait pour prévenir ou réprimer ces massacres, ou au moins pour secourir les veuves et les orphelins de ces 30 000 martyrs?

Nous supplions donc les âmes compatissantes de nous adresser leurs aumônes, 20, rue du Regard, à Paris, et nous prions nos bienfaiteurs de hâter leurs envois pour qu'ils arrivent à temps: c'est donner deux fois que de donner à propos, et la misère qui règne là-bas n'est pas de celles qui peuvent attendre pour être soulagées.

F. CHARMETANT,
Protonotaire apostolique,
directeur général des Œuvres d'Orient.

St-Cloud. — Imp. BELIN FRÈRES.   *Le Directeur-Gérant :* F. CHARMETANT.

huellement la somme *minima* de dix francs, soit qu'elle provienne d'un ou de plusieurs adhérents, ou qu'elle représente dix cotisations d'un franc.

Les *zélateurs* et *zélatrices* ont la charité de travailler au recrutement de nouveaux associés, de les distribuer en décuries; de faire connaître et circuler le Bulletin; d'opérer la rentrée des cotisations; de correspondre avec les comités locaux ou avec la Direction générale.

La réunion de plusieurs décuries dans une même localité forme un *Comité* avec président, trésorier et secrétaire; la réunion de plusieurs comités dans un même diocèse forme une *Direction diocésaine*.

Les décuries, les comités, les directions diocésaines adressent leurs collectes charitables à la Direction générale qui, chaque année, de concert avec le Conseil central (1), en fait la répartition aux diverses œuvres d'Orient, au prorata des besoins et des ressources recueillies.

Ses besoins. — On jugera de l'importance de ses besoins quand on saura que nos Religieuses et nos Missionnaires du Levant reçoivent plus de 150000 enfants de toute race et de tout culte dans leurs 2000 écoles, et que, dans les dispensaires qui y sont annexés, ils donnent leurs soins, chaque année, à près d'un million de malades ou infirmes indigents, sans compter ceux qui sont recueillis dans leurs hôpitaux.

Les résultats déjà obtenus sont considérables; mais ils ne feraient que grandir avec des secours plus abondants. Malheureusement les ressources ordinaires de l'Œuvre sont loin de suffire à ces charges énormes. Cette insuffisance a frappé le Saint-Siège, qui s'intéresse si vivement à l'Orient et au mouvement marqué qui s'y manifeste vers l'Union des Eglises, depuis qu'en multipliant nos écoles, les nouvelles générations reçoivent une éducation qui les prépare davantage à revenir à l'Unité.

Aussi, non content de recommander spécialement notre Œuvre à la charité catholique par *trois* Encycliques, N. S. Père le Pape nous a adressé plusieurs lettres pontificales, pour nous demander d'employer tous nos efforts afin que le bien déjà obtenu par nos Écoles « **ne soit pas rendu stérile par le manque de ressources** ». Et il daigne ajouter ces paroles pleines d'espérances : « *J'ai cette confiance que la charité des*
» *fidèles ne vous fera pas défaut, excités, comme ils l'auront été, à vous venir*
» *en aide par les pieuses exhortations de leurs évêques..... Nous prions*
» *instamment le Seigneur, qui tient en ses mains le cœur des hommes,*
» *d'augmenter de jour en jour les largesses des fidèles d'Occident, en*
» *faveur de votre Œuvre qui a si éminemment mérité des nations orien-*
» *tales, desquelles nous avons nous-mêmes reçu la Foi et la civilisation.....*
» *C'est pourquoi nous avons la ferme confiance que tous ceux qui se font*
» *un honneur du titre de Chrétien* **ne manqueront pas de s'em-**
» **ployer à une Œuvre qui nous tient tant au cœur,** *et qu'ils*
» *ne souffriront pas que le zèle à propager le règne de Jésus-Christ soit*
» *surpassé par l'ardeur de ceux qui travaillent à étendre la domination*
» *du prince des ténèbres.* »

(1) Les Supérieurs et Procureurs des diverses Congrégations religieuses qui ont des Missions en Orient font partie, de droit, du Conseil central de l'Œuvre.

Faveurs accordées aux associés. — *L'Œuvre des Ecoles d'Orient* a été solennellement approuvée et recommandée, dès son origine, par le pape Pie IX et, à plusieurs reprises, par le pape Léon XIII. Par rescrits datés de 1858, 1859, 1868, etc., l'Œuvre a été enrichie d'indulgences nombreuses que peuvent gagner tous les Associés en remplissant les conditions ordinaires de communier et de prier aux intentions du Saint-Père, principalement pour l'Union des Eglises.

Cotisations. — On est membre de l'Œuvre en donnant chaque année une aumône, si petite qu'elle soit. *Toute souscription ou collecte de* **10 francs** *donne droit à un exemplaire du Bulletin qui paraît tous les deux mois.*

Plusieurs personnes donnant ensemble un total de 10 francs par année forment une *série*, à la tête de laquelle est placé un *collecteur* ou une *collectrice*, qui reçoit et fait circuler le Bulletin.

On peut assurer à perpétuité sa souscription à l'Œuvre, en versant une somme suffisante pour constituer une rente de 10 francs ; soit 330 francs pour 10 francs de rente perpétuelle en 3 °/₀.

Ce versement de 330 francs donne droit au titre de **Fondateur** et à toutes les prières et bonnes œuvres qui se feront dans nos Missions, *à perpétuité.*

Un capital de 200 francs confère le titre de **Bienfaiteur**, et dispense de la cotisation annuelle de 10 francs.

En versant, une fois pour toutes, un capital de 100 francs, on devient **Adhérent à vie** et on se libère, pour l'avenir, de la cotisation de 5 francs, qui est celle des simples adhérents.

Prendre ainsi, de son vivant, de semblables dispositions nous paraît une excellente manière de s'assurer, dans l'autre vie, les mérites de la bonne œuvre commencée ici-bas. Nous faisons des vœux pour voir se multiplier les fondations de ce genre. Ce sera le moyen le plus sûr de créer à notre Œuvre des ressources fixes qui prépareront la régénération de l'Orient et l'union des Eglises, en même temps qu'on s'assure, *à perpétuité*, des prières spéciales pendant sa vie et après sa mort, heureuse compensation à l'oubli des vivants qui vient toujours si vite.

Tous les fonds sont centralisés aux Bureaux de l'Œuvre, à Paris.
Les chèques, bons de poste et mandats doivent être au nom de Mgr **CHARMETANT**, **Directeur général, 20, rue du Regard, à Paris.**

SAINT-CLOUD. — IMPRIMERIE BELIN FRÈRES.